Todos los libros de Linkgua Ediciones cuentan con modelos de Inteligencia Artificial entrenados por hispanistas. Pregúntale al chat de tu libro lo que desees acerca de la obra o su autor/a.

Para ebooks: Accede a nuestro modelo de IA a través de este enlace.

Para libros impresos: Escanea el código QR de la portada con tu dispositivo móvil.

Obtén análisis detallados de nuestros libros, resúmenes, respuestas a tus preguntas y accede a nuestras ediciones críticas generativas para una experiencia de lectura más enriquecedora.
La transparencia y el respeto hacia la autoría de las fuentes utilizadas son distintivos básicos de nuestro proyecto. Por ello, las respuestas ofrecen, mediante un sistema de citas, las fuentes con las que han sido elaboradas.

Pedro Calderón de la Barca

Las visiones de la muerte

Barcelona 2024
Linkgua-ediciones.com

Créditos

Título original: Las visiones de la muerte.

© 2024, Red ediciones S.L.

e-mail: info@Linkgua-ediciones.com

Diseño de cubierta: Michel Mallard.

ISBN rústica: 978-84-9816-444-2.
ISBN ebook: 978-84-9953-292-9.

Sumario

Créditos   4

Brevísima presentación   7
    La vida   7

Las visiones de la muerte   9

Personajes   10

Acto único   11

Libros a la carta   29

Brevísima presentación

La vida

Pedro Calderón de la Barca (Madrid, 1600-Madrid, 1681). España.

Su padre era noble y escribano en el consejo de hacienda del rey. Se educó en el colegio imperial de los jesuitas y más tarde entró en las universidades de Alcalá y Salamanca, aunque no se sabe si llegó a graduarse.

Tuvo una juventud turbulenta. Incluso se le acusa de la muerte de algunos de sus enemigos. En 1621 se negó a ser sacerdote, y poco después, en 1623, empezó a escribir y estrenar obras de teatro. Escribió más de ciento veinte, otra docena larga en colaboración y alrededor de setenta autos sacramentales. Sus primeros estrenos fueron en corrales.

Lope de Vega elogió sus obras, pero en 1629 dejaron de ser amigos tras un extraño incidente: un hermano de Calderón fue agredido y, éste al perseguir al atacante, entró en un convento donde vivía como monja la hija de Lope. Nadie sabe qué pasó.

Entre 1635 y 1637, Calderón de la Barca fue nombrado caballero de la Orden de Santiago. Por entonces publicó veinticuatro comedias en dos volúmenes y La vida es sueño (1636), su obra más célebre. En la década siguiente vivió en Cataluña y, entre 1640 y 1642, combatió con las tropas castellanas. Sin embargo, su salud se quebrantó y abandonó la vida militar. Entre 1647 y 1649 la muerte de la reina y después la del príncipe heredero provocaron el cierre de los teatros, por lo que Calderón tuvo que limitarse a escribir autos sacramentales.

Calderón murió mientras trabajaba en una comedia dedicada a la reina María Luisa, mujer de Carlos II el Hechizado. Su hermano José, hombre pendenciero, fue uno de sus editores más fieles.

Las visiones de la muerte

Personajes

Un carretero
Un autor
El alma
El cuerpo
Unos gallegos
Un caminante
Un ángel
El demonio
La muerte
Gitanos
[Músicos]

Acto único

(Dentro música, y castañetas e instrumentos, y sale el Carretero.)

Música
Vaya de fiesta, vaya de gira,
vaya de baile, vaya de chanza,
vaya y venga la mojiganga.

Carretero
El Señor sea loado,
que ya la mojiganga se ha acabado,   5
y que partir podremos.
señor Autor...

(Sale el Autor.)

Autor
Pues bien, ¿y qué tenemos?

Carretero
Que ha gran rato que el carro está esperando,
y este pobre ganado reventando.
Y voto a... Pero jurar no quiero,   10
que es impropio el jurar de un carretero.
Vamos de aquí volando;
que ya ve que le están allí aguardando
antes de medio día,
y son más de las dos.

Autor
La Compañía   15
apenas ha acabado,
pues está todavía en el tablado,

y para legua y media...

Carretero   Si no hubiera
hecho usted el concierto de manera
que haciendo el Auto aquí por la mañana,20
le haría allí por la tarde, cosa es llana
que prisa no le diera; mas ya tardan
dos horas más de las que allá le aguardan,
y están las mulas sin comer, rendidas,
y por vida...

Autor   Dejemos los porvidas.   25

Carretero   ¿Usted ignora que es el heredero
de juros de por vida un carretero?

[A los comediantes.]

Vamos de aquí, señores, acabemos.

(Dentro.)

[Todos]   Denos lugar a que nos desnudemos
los trajes con que el Auto se recita.   30

Autor   Nadie de desnudarse necesita,
porque si han de empezar luego en lle-
gando,
en andarse vistiendo y desnudando
se pasará la tarde.
Y no es bien que un Concejo nos aguarde35
tan noble y tan bizarro.
¡Al carro cada cual como está!

(Dentro.)

Todos   ¡Al carro!

Autor   Oíd.

Carretero   ¿Qué mandáis?

Autor   Que vaya bien sentada
y en el mejor lugar acomodada
la que hace el Alma, encomendaros quiero.
40

Carretero   Hacéis bien, porque el alma es lo primero.

Autor   No vaya el que hace el Cuerpo junto a ella,
que es su esposo, ni aún donde pueda
vella.

Carretero   Ese es fácil remedio
con que el que hace la Muerte se entre en
medio.   45

Autor   La que hace el Ángel, si verdad os hablo,
es mi mujer: echadla con el Diablo.

Carretero   Así lo haré.

(Vase.)

Autor   Con esto me adelanto;

que el que algo ve, no desespera tanto
de lo demás que tarda.   50

(Vase.)

(Dentro.)

Todos   Ya estamos aquí todos, ¿qué se aguarda?

(Dentro.)

Carretero   Dales, Pedro, y camina.
                        ¡Ah la parda, ah la rucia, ah la mohína!

(Dentro ruido de carretería y campanillas.)

Alma (Dentro.)   Para que la jornada se entretenga...

Ángel (Dentro.)   Vaya una tonadilla...

Todos   Vaya y venga.   55

(Cantan.)   En el más festivo día
                        en que reina la alegría,
                        y todo el orbe a porfía
                        procura meterse en danza
                        vaya y venga la mojiganga.   60

[Camino.]

(Sale un Caminante y saca unas alforjas y bota.)

Caminante	Muchísimo me enfada
	que haga calor en junio a medio día,
	y que sabiendo que es jornada mía
	me silbe la jornada
	ese enemigo de la gente honrada; 65
	pero vencer intento sus ardores.
	Vaya este trago contra sus estragos,
	que, en efecto, esta vida todo es tragos,
	y a un caminante nunca estorba el vino 70
	que es cosa que se bebe de camino.

(Bebe.)

Caliente está del Sol, mas no hago cuenta,
que el vino es lo mejor que el Sol calienta.
¿Si por estallo me dañó el bebello?
Pensémoslo y duramos sobre ello,   75
haciendo cabecera de la bota;

[Échase.]   si bien el miedo un poco me alborota,
que ha días que entre sueños me amancilla
no sé qué pesadilla.
Yo me santiguo y en dormir me empeño, 80
que aunque he de ver visiones en el sueño,
si sus fantasmas me han de dar enojos
par no verlas cerraré los ojos.

(Duérmese.)

(Todo lo que sigue es dentro.)

Todos (Cantando.)   En el más felice día
en que reina la alegría,   85

y todo el orbe a porfía
procura meterse en danza,
vaya y venga la mojiganga.

| Carretero | Porque no entre en el pantano guía la reata, Pedro. | 90 |

Carretero   Porque no entre en el pantano
guía la reata, Pedro.   90

Uno   No es posible detenella.

Alma   Borracho estás, carretero.

Ángel   Vuelcos me da el corazón.

Carretero   Y al carro le dio lo mesmo:
volcóse con mil demonios.   95

Unos   ¡Que me ahogo!

Otros   ¡Que me muero!

Caminante   Fantasmas ¿qué me queréis?
Visiones, dejadme quieto.

Alma   ¡Ay, desdichada de mí!

(Dentro.)

Carretero   Acude, Perico, presto   100
a ayudarme a socorrerla,
que al Alma todos los huesos
una arca la está abrumando.

Caminante	¡No tuviera el alma cuerpo!	
Carretero	Quebróse una pierna el Diablo.	105
Caminante	Pues será el diablo cojuelo.	
Uno	La Muerte está sin sentido.	
Caminante	¡Miren si la muerte ha muerto!	
Muerte	Descalabrado está el Ángel.	
Caminante	Estuviérase en el cielo...	110
Unos	¡Que me muero!	
Otros	¡Que me ahogo!	
Caminante	¡Ay de mí! ¡Qué extraño sueño! No es decible cuán gustoso	

(Levántase.)

estoy de hallarme despierto.
Que me llevaba el Demonio   115
soñé, y aún ahora lo veo...

(Sale el Demonio, santiguándose.)

Demonio	¡Jesús mil veces! ¡Milagro ha sido no haberme muerto!

Caminante	Por su santiguada (¡ay triste!)
	me la jura a mí viniendo, 120
Demonio	Hombre, quien quiera que seas,
	gracias a Dios que te encuentro.
Caminante (Aparte.)	(Buen cristiano es este Diablo.)
Demonio	Pues aquí te hallas, ven presto:
	llevaréte a que me ayudes 125
	para que mis compañeros
	tengan socorro en la grande
	pena que están padeciendo.
Caminante	No me tocan los socorros,
	que yo no soy caballero, 130
	toreador soy de tinaja,
	y no más.
Demonio	Aunque huyas, necio,
	sabré por fuerza llevarte.

[Agárrale.]

Caminante	¡Que me agarra Santos Cielos!
	¡Favor, ángeles benditos, 135
	en tanta aflicción!

(Sale el Ángel con una cruz grande.)

Ángel	Reniego
	de Compañía con tantos

azares.

Caminante (Aparte.)	(Aún peor es esto: renegando de mí viene, ya que viene, por traerlo 140 a tan mala compañía.)
Ángel	Hombre, ¿tienes un pañuelo con que atarme esta cabeza?
Caminante	No solamente le tengo mas no le tendré en mi vida. 145
Ángel	¿De qué huyendo vas?
Caminante	De miedo de un diablo que se persigna y un ángel que echa reniegos.
Demonio	Tente, hombre...
Ángel	No te vayas.
Caminante	¿Si soy hombre de Auto Viejo, 150 pues que me hallo contrastado del Ángel malo, y el bueno? ¡Valedme, ánimas benditas del purgatorio!

(Saca el Cuerpo el Alma en brazos.)

Alma	Ya vengo

más aliviada.

Caminante	Señora	155
	Alma, que mire la ruego,	
	que no lo dije por tanto.	

Cuerpo	Con todo, ir a ver pretendo	
	si hay por aquí en qué albergarse.	
	Hombre, en tus manos te dejo	160
	el Alma, cuídame de ella	
	mientras yo por ella vuelvo.	

Alma	No te vayas, que ya yo
	he restaurado el aliento.

Caminante	Señor Diablo, aquí está el Alma.	165
	Señor Ángel, aquí el Cuerpo.	
	Repártanlo entre los dos	
	y déjenme a mí ir huyendo.	

(Sale la Muerte con guadaña.)

Muerte	¿Dónde has de huir si has de ser	
	tú en quien me vengue el primero?	170

Caminante	Ello solo me faltaba.

Muerte	¿Con quién se pudo hacer esto	
	de no acordarse de mí,	
	y dejarme hasta el postrero	
	estar debajo del carro?	175

Caminante	Pues ¿por qué se enoja de eso?
	¿Quién no dejó para postre
	hacer de la muerte acuerdo?
Muerte	Hoy morirás a mis manos,
	pero ¿qué es lo que allí veo? 180
	¿qué bota es ésta?
Caminante	La almohada
	sobre que yo estoy durmiendo
	todavía, pues estoy
	viendo que la vida es sueño.
Muerte	Agradécele a mi sed 185
	el que en tu bota me vengo
	primero que en ti.
Demonio	Pues fue
	él que nos la ha descubierto,
	a la salud de la Muerte
	bebamos todos.
Caminante	Me huelgo 190
	que la muerte beba y viva,
	porque no me digan luego
	que mata el beber.
Cuerpo [Al Alma.]	El susto
	repara, cobra el aliento
	y bebe siquiera un trago. 195
Alma	Por obedecerte bebo.

Caminante	Como el alma es tan devota, se eleva mirando al Cielo.
Ángel	Acabe, pese a su alma; que más necesidad tengo 200 yo.
Caminante	No bebe mal el Ángel.
Demonio	Venga, que de sed reviento.
Cuerpo	También tomaré yo un trago, si es que ha quedado...
Demonio	Acabemos. Mas ¡por Dios!, que ya está enjuta... 205
Caminante	¡Mire el diablo del infierno! Aún hasta las botas tienta.

(Sale el Carretero.)

Carretero	Vengan, que ya el carro puesto está.
Demonio	¡Mal haya mi vida...!
Cuerpo	¡Mal haya mi alma...!
Alma	¡Y mi cuerpo...! 210

Los tres	¡Si en él otra vez entrare!
Muerte y Ángel	Yo también digo lo mesmo.
Carretero	¡Muy lindo melindre es éste! Volcarse un carro, ¿es portento?
Cuerpo	No, que no es portento estar 215 borracho su carretero.
Carretero	Mientes como cuerpo humano.
Cuerpo	Tú como humano pellejo.

[Pelean.]

Demonio	Ténganse con mil demonios.
Muerte	Baste estar yo de por medio. 220
Los dos	¡Cielos, favor, que me matan!
Caminante	Señores...

(Dentro.)

Gallegos	Fugid Galegos, que en pos de nos los gitanos ya chegan.

(Dentro.)

Gitanos	Idlos siguiendo
	porque encerremos nosotros 225
	lo que traen segado ellos.

Demonio   Gente se oye, y pues los dos
despartirlos no podemos,
demos voces unos y otros.

Muerte y Ángel   ¡Segadores!

Demonio y Alma   ¡Pasajeros!   230

Muerte y Ángel   ¡Venid!

Demonio y Alma   ¡Corred!

  (Dentro.)

Gallegos   Allí hay gente
de que poder guarecernos.

Gitanos   Aunque se junten con otros
no importa; llegar podemos.
Que a más moros, más ganancia.   235

Los cuatro   ¡Acudid, acudid presto!

(Salen los Gallegos y los Gitanos.)

Gallegos   Mas ¡ay cuitados de nos,
que hemos dado con ú Demo!

Gitanos	¡Mueran todos! Mas ¡ay! que es
	mi muerte la que yo encuentro. 240
Gallegos	¡Qué parasismo!
Gitanos	¡Qué pasmo!
Carretero	¿De quién huís, majaderos,
	si ésta es una compañía
	que yo a representar llevo
	de que ese carro volcado 245
	es buen testigo?
Caminante	No es bueno
	que desde que se lo oí
	he estado por dar en ello?
Gitanos	En albricias de no ser
	verdad el susto, troquemos 250
	en regocijo el espanto.
Gallegos	Pase o pesar a contento.
Alma y Ángel	Sí, pero ¿cómo ha de ser?
Caminante	¿No se está sabido eso
	pues todas las mojigangas 255
	tienen un fin, advitiendo
	que es disparatar adrede,
	tal vez gala del ingenio?
Gallega	Si es así, va una cantiña

	de gitanos y galegos.	260
(Canta.)	¡Ay por aquí, por aquí galegos!	
	¡Ay por aquí, por aquí, cantemos!	
Gallego	¡Ay por aquí, por aquí, Duminga!	
	¡Ay por aquí, por aquí, Lurenzo!	
Gitana	Vaya pues de bulla,	265
	pues que de ella es tiempo,	
	que a las Mojigangas	
	no da ser lo serio.	
	¡Ay por aquí, por aquí, galegos!	
	¡Ay por aquí, por aquí, cantemos!	270
Caminante	Miedo a estas visiones	
	tuve; pero luego	
	que he mirado a esotras	
	mucho más le tengo.	
Alma y Ángel	Todo lo hagan bulla,	275
	voces e instrumentos,	
	que en fines de fiesta	
	hay siempre mal pleito.	
Todos	¡Ay por aquí, por aquí, galegos!	
	¡Ay por aquí, por aquí, acabemos!	280

(Acábase con instrumentos de mojiganga.)

Fin del entremés

Libros a la carta

A la carta es un servicio especializado para
empresas,
librerías,
bibliotecas,
editoriales
y centros de enseñanza;
y permite confeccionar libros que, por su formato y concepción, sirven a los propósitos más específicos de estas instituciones.

Las empresas nos encargan ediciones personalizadas para marketing editorial o para regalos institucionales. Y los interesados solicitan, a título personal, ediciones antiguas, o no disponibles en el mercado; y las acompañan con notas y comentarios críticos.

Las ediciones tienen como apoyo un libro de estilo con todo tipo de referencias sobre los criterios de tratamiento tipográfico aplicados a nuestros libros que puede ser consultado en Linkgua-ediciones.com.

Linkgua edita por encargo diferentes versiones de una misma obra con distintos tratamientos ortotipográficos (actualizaciones de carácter divulgativo de un clásico, o versiones estrictamente fieles a la edición original de referencia).

Este servicio de ediciones a la carta le permitirá, si usted se dedica a la enseñanza, tener una forma de hacer pública su interpretación de un texto y, sobre una versión digitalizada «base», usted podrá introducir interpretaciones del texto fuente. Es un tópico que los profesores denuncien en clase los desmanes de una edición, o vayan comentando errores de interpretación de un texto y esta es una solución útil a esa necesidad del mundo académico.

Asimismo publicamos de manera sistemática, en un mismo catálogo, tesis doctorales y actas de congresos académicos, que son distribuidas a través de nuestra Web.

El servicio de «libros a la carta» funciona de dos formas.

1. Tenemos un fondo de libros digitalizados que usted puede personalizar en tiradas de al menos cinco ejemplares. Estas personalizaciones pueden ser de todo tipo: añadir notas de clase para uso de un grupo de estudiantes, introducir logos corporativos para uso con fines de marketing empresarial, etc. etc.

2. Buscamos libros descatalogados de otras editoriales y los reeditamos en tiradas cortas a petición de un cliente.